1924

一九二四年 盛岡情景

復刻写真でたどる大正の街並み

岩手日報社

本書発刊に想う

郷土史研究家・山田公一

本書は、ちょうど100年前の1924（大正13）年に盛岡市が発行した刊行物『盛岡案内』の写真を復刻したものである。

奥付は10月1日。大正13年といえば、28歳だった宮沢賢治が『春と修羅』を刊行した年で、前年9月1日には関東大震災が発生していた。当時の盛岡市長は北田親氏で、震災をきっかけに街並みを記録しておくことの重要性に加え、観光資源としての建物や景観に光を当てた一冊だったと思われる。

手元にある『盛岡案内』には、当時の建物や盛岡市内の景観が鮮やかに収められ、大正の写真師たちの見事な仕事ぶりに感心するほかない。精密なカラーの地図も含め、100年前の発行物とは思えない出来映えだ。別件の調べものでわが家を訪れた岩手日報社のIさんが、たまたま手にしたことがすべての始まりなのだが、なぜそんな貴重な書籍がわが家に残っていたのだろうか。

私は1950（昭和25）年生まれ。家には畳狭しと古めかしい戦前の書籍が並んでおり、埃だらけの古書の山は、幼心に不気味でしかなかった。それら多数の書籍は、連合軍の盛岡占領によって本家の建物が接収された際に持ち込まれたも

のだった。

　私の父・大矢勲がビルマ戦線より帰国したのは、終戦翌年の1946（昭和21）年のこと。父は旧陸軍の通訳軍属だったことから、接収された本家について米軍と直接交渉したという。　母は明治時代の作家・山田美妙の遠縁で、父は盛岡山田家の養子となった。　私は第5代および第9代盛岡市長・大矢馬太郎の外孫にあたることになり、同じ小学校には第8代市長・中村謙蔵、第10代市長・見坊田鶴雄の孫らがいた。　後年、彼らの資料が私の元に集まってきたのは、そうした縁からだろう。　そして、普通選挙運動の渦中にいた祖父大矢が残した資料の中に、『盛岡案内』があった。　私が関わった刊行物や連載の近現代記録に添えることが多かったものの、その価値に気づかせてくれたⅠさんには感謝しかない。

　宮沢賢治や原敬、そして盛岡を何度も訪れた渋沢栄一が目にしたであろう「大正の盛岡」を伝える68枚の写真が、現代のデジタル技術によってよみがえった。　本書が後世の役に立てれば本望である。

　　　　　　　2024年9月　盛岡市の自宅にて

岩手県庁 〔巻末地図1〕

内丸の現在地。総ヒノキ造りの2階建て庁舎として、1903(明治36)年に建てられた。
1962(昭和37)年に解体されるまで「全国一古い庁舎」の一つだった

盛岡市役所 〔巻末地図2〕

内丸の現在地。完成1カ月前の1910（明治43）年9月、市内の大半が浸水した中津川の洪水で一部が崩落。その後もたびたび中津川の水害に見舞われるが、大きな被災を免れている

岩手県商品陳列所 〔巻末地図3〕

現在の盛岡城跡公園地下駐車場付近。1913（大正2）年に増改築され、盛岡では初の本格的な木造モルタル建築だった。「物産館」など何度か名称が変わっている。岩手日報社が本社として入居していた1961（昭和36）年に全焼した

岩手県立図書館〔巻末地図4〕

現在の盛岡東署の西側。原敬が1920（大正9）年に帰郷した際、当時の盛岡市長らに建設を提案。原は翌年に暗殺され、1922（大正11）年の開館を見届けることはできなかったが、寄付金1万円は図書購入費に充てられた

岩手県工業試験場〔巻末地図5〕

場所は現在の盛岡地区合同庁舎。『盛岡案内』の奥付にある「岩手工芸会印刷部」
は工業試験場にあったとされる

盛岡郵便局〔巻末地図6〕

現在の「プラザおでって」付近から南に延びる通りは「呉服町」と呼ばれ、呉服店や銀行が建ち並ぶ当時のメーンストリートだった。盛岡郵便局(現在の盛岡中央郵便局)もこの通りにあった

盛岡測候所 〔巻末地図7〕

現在は盛岡地方気象台。この場所は当時、山王山と呼ばれていた。開設は関東大震災が起きた1923（大正12）年9月1日だった

日本赤十字社岩手支部病院〔巻末地図8〕

盛岡赤十字病院の前身。1920（大正9）年、現在の岩手銀行本店がある中央通の一画に開設され、看護学校などもあった

盛岡税務署 〔巻末地図9〕

大正期に現在のJR山田線・上盛岡駅近くに移転したとされる

岩手県立農事試験場〔巻末地図10〕

JR仙北町駅の西側、当時の本宮村にあった

騎兵第三旅団〔巻末地図11〕

現在の青山地区。1909（明治42）年、騎兵隊の訓練場として6棟が整備された。1棟だけ残っていた建物は、2012年から「盛岡ふれあい覆馬場プラザ」として活用されている。右上は「観武ケ原の碑」。みたけ地区はかつて「観武ケ原」と呼ばれていた

盛岡停車場（盛岡駅）〔巻末地図12〕

1890（明治23）年11月開業。写真は1917（大正6）年に整備された2代目の駅舎。
開業当時は平戸と呼ばれる、荒れた一帯だったという

上盛岡停車場（上盛岡駅）〔巻末地図13〕

1923（大正12）年に上米内駅とともに開業。昭和初期には路線バスが乗り入れていたという

仙北町停車場（仙北町駅）〔巻末地図14〕

1915（大正4）年開業。原敬が実現に関わったとされ、当時の木造駅舎を現在も利用している

盛岡高等農林学校 〔巻末地図 15〕

現在の岩手大学農学部。写真に見える樹木はまだ背が低いが、この 100 年で大きく
成長し、現在の植物園にはドイツトウヒなどの巨木がそびえる

岩手県立盛岡中学校〔巻末地図16〕

盛岡第一高校の前身。1917（大正6）年に現在地の上田地区に移転した。落成式2日後の10月19日、東北遊説中の渋沢栄一が同校で講演し、女性の積極的活動の必要性を唱えた

岩手県師範学校〔巻末地図17〕

現在の盛岡地方裁判所の向かい、中央通の一画にあった

岩手県立農学校 〔巻末地図 18〕

盛岡農業高校の前身。開運橋から下の橋まではかつて大沢川原小路と呼ばれ、現在の菜園地区の一画にあった

岩手県立工業学校 〔巻末地図19〕

盛岡工業高校の前身。岩手公園東側に校舎があった

県立盛岡高等女学校 〔巻末地図20〕

盛岡第二高校の前身。1922(大正11)年、中津川の洪水で大沢川原地区から現在地の上ノ橋町(当時は天神町)に移転した

盛岡市立商業学校 〔巻末地図 21〕

盛岡商業高校の前身。写真は 1924（大正 13）年、加賀野新小路と呼ばれた城南小
の南側に新築移転した当時の校舎

盛岡市立尋常高等小学校 〔巻末地図 22〕

下橋中学校の前身。当時の地名は馬場小路（現在は馬場町）

盛岡市立仁王尋常小学校 〔巻末地図23〕

仁王小学校の前身。旧日影門外小路から移転した当時は、四ツ家町と呼ばれていた

盛岡市立城南尋常小学校 〔巻末地図24〕

城南小学校の前身。大正初期、水害のため現在の杜陵小学校がある川原小路から、若園町の現在地に移転した

盛岡市立桜城尋常小学校 〔巻末地図 25〕

桜城小の前身。現在の校舎と同じ場所にあり、当時は仁王小路と呼ばれていた

盛岡銀行本店（のち岩手銀行本店）〔巻末地図26〕

現在の岩手銀行赤レンガ館。1911（明治44）年に盛岡銀行本店として建築され、東京駅の設計で知られる辰野金吾が手がけた。のち岩手殖産銀行（現在の岩手銀行）の本店として利用された

安田銀行盛岡支店〔巻末地図 27〕

現在はみずほ銀行盛岡支店が建つ。岩手初の新聞「巖手新聞誌」を発行した日進社は、この場所にあったとされる

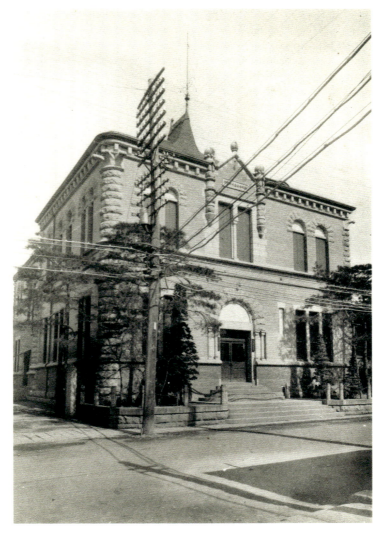

第九十銀行本店 〔巻末地図28〕

1910（明治43）年、当時の呉服町に設立された銀行で、現在はもりおか啄木・賢治青春館として利用されている。看板は渋沢栄一が揮毫した

岩手銀行 〔巻末地図 29〕

現在の岩手銀行ではなく、第九十銀行の筆頭株主だった小野慶蔵が設立した銀行。
第九十銀行の斜め向かいにあった

岩手県農工銀行 〔巻末地図 30〕

場所は上の橋の交差点近く。農工業者向けの銀行として設立されたものの、1930(昭和5)年、旧日本勧業銀行に吸収合併された

盛岡電気工業株式会社〔巻末地図31〕

写真上と写真右下は黄金山(こがねやま)発電所、写真左下は岩根橋発電所の施設。いずれも遠野市から花巻市を流れる猿ケ石川にあり、盛岡電気（のちに盛岡電気工業）が経営していた。現在の東北電力岩手支店がある紺屋町に本社を構えていた

盛岡織物株式会社 〔巻末地図32〕

現在は加賀野1丁目、まるせい呉服店がある。織物工場ができる以前は、石川啄木も通った予備校(江南義塾高校の前身)があった

盛岡製綿株式会社〔巻末地図33〕

場所は盛岡八幡宮の南側。当時は志家松尾前という地名だった

川口荷札株式会社 〔巻末地図34〕

川口印刷工業株式会社の前身。日影門外小路の北、旧四ツ谷町近くの谷小路と呼ばれる地区に本社と工場を構えた。創業の地は旧八日町（現在の本町通）近辺

片倉組製糸紡績株式会社盛岡製糸場〔巻末地図35〕

工場があった当時の地名は「下厨川三十軒」で、現在の新田町にあたる

盛岡常設家畜市場 〔巻末地図 36〕

現在の松尾町はかつて新馬町(しんうままち)と呼ばれ、馬の検査や衛生管理、売買を行う「馬検場」でにぎわっていた。建物に掲げられた大看板は 2022 年、アイシーエス敷地内に整備された「盛岡馬っこ文化伝承広場」に展示されている

盛岡劇場 〔巻末地図37〕

1913（大正2）年、現在地の松尾町（当時は新馬町）に近代的な演劇専門劇場として開館した。同じ地に1990年、「新」盛岡劇場が建てられた

岩手日報社 〔巻末地図38〕

現在の中央通に建つ旧三井生命盛岡ビル付近にあった。1905(明治38)年に社屋を焼失し、跡地に木造2階建ての新社屋を再建。1945(昭和20)年、旧物産館＝P6＝に移転するまで本社を構えた

岩手毎日新聞社 〔巻末地図39〕

当時の日影門外小路近くにあった新聞社。宮沢賢治の『やまなし』などを掲載したことで知られる。昭和初期に廃刊

肴町通〔巻末地図40〕

左に見える「榊」の文字は、現在も肴町アーケードにある榊ビルのマークとして見ることができる。写真左端に写っているのは川徳呉服店(現在の百貨店・川徳の前身)

呉服町通 〔巻末地図 41〕

呉服店や銀行が建ち並び、当時の盛岡の中心部だった

本町通〔巻末地図42〕

旧奥州街道として藩政時代からさまざまな商家が軒を連ね、盛岡随一の繁華街だった

材木町通〔巻末地図43〕

藩政時代から商人の町として栄え、当時は夕顔瀬橋がある北側は茅町と呼ばれ、現在の旭橋がある南側が材木町だった。旭橋が架けられたのは1981（昭和56）年のこと

市営住宅 〔写真上＝巻末地図44〕

1922（大正11）年、現在の加賀野地区に初の市営住宅が整備され、文化小路と名付けられた。写真下は現在の馬場町近辺に整備された市営住宅で、こちらは南文化小路と呼ばれた

上の橋

中の橋

毘沙門橋

明治期に建てられた木製の吊り橋。朱色に塗られた瀟洒な橋だったという

下の橋

明治橋 〔巻末地図 49〕

写真の明治橋は 1874（明治 7）年に架けられた木製の旧明治橋。現在の明治橋よりも下流側で、ほぼ同じコースにあった舟橋を引き継ぐ形で整備された

夕顔瀬橋 〔巻末地図50〕

かつての夕顔瀬橋は、現在より上流に架けられていた。鉄橋になったのは1940（昭和15）年のこと。現在の夕顔瀬橋は1992（平成4）年、翌年の世界アルペン大会開催に合わせて整備され、このときに変則交差点も解消された

開運橋

写真は1917（大正6）年に架け替えられた2代目。1890（明治23）年に盛岡駅が開業した当時は夕顔瀬橋しかなく、初代の橋は私費で整備された木製だった。現在の橋は3代目で、1953（昭和28）年に整備された

岩手公園

石割桜

1876(明治9)年、明治天皇が巡幸した際は「桜雲石」と紹介されたという。現在と比べると枝振りはまだ小さい

桜山神社

桜山神社は明治初期に岩山付近、続いて北山へと遷座(せんざ)され、現在地に戻ってきたのは1900年とされる

岩手山神社 〔巻末地図55〕

現地の中央通3丁目はかつて仁王三小路と呼ばれた地区で、神社は1626(寛永3)年に建立された

八幡宮 〔巻末地図 56〕

1680（延宝8）年建立。八幡町は門前町として屈指のにぎわいを誇った

官祭招魂社 〔巻末地図 57〕

現在の岩手護国神社

石造十六羅漢・五智如来〔巻末地図58〕

飢饉の犠牲者を供養するため13年の歳月をかけて建立されたという。21体の石像は今も「らかん児童公園」にある

大慈寺〔巻末地図59〕

原敬の菩提寺で、寺の名前がそのまま町名になっている。送り盆の行事「舟っこ流し」発祥の寺院でもある

62

旧南部家別邸 〔巻末地図 60〕

1908（明治 41）年、華族となった南部家の別邸として建てられた。設計は葛西萬司。
現在は盛岡市中央公民館別館

賜松園 〔巻末地図 61〕
(ししょうえん)

杜陵老人福祉センターの敷地内にある盛岡市の保護庭園。明治天皇が松の苗を下賜したことが由来とされる

報恩寺 〔巻末地図62〕

盛岡五山の一つに数えられる名刹。五百羅漢堂には499体の羅漢が現存している

栗山大膳の墓 〔巻末地図63〕
            だいぜん

「黒田騒動」で主家と対立し、盛岡藩お預けとなった福岡藩家老・栗山大膳。黒田官兵衛の兜を持参したとされる。墓は愛宕山中腹の法輪院跡に残っている

本誓寺〔巻末地図64〕

名須川町にある1215（建保3）年創建の名刹

願教寺〔巻末地図 65〕

北山地区にあり、仏教講習会には宮沢賢治も参加していた

旧桜山 〔巻末地図66〕

北山地区にある聖寿禅寺は、桜山神社が一時期、遷座(せんざ)されていたことから一帯は「旧桜山」と呼ばれていた

高松池 〔巻末地図 67〕

かつては冬になると分厚い氷が張り、1958（昭和33）年にはスケート国体の会場になった

前九年古戦場 〔巻末地図 68〕

北上川左岸、現在の館向町近辺から撮影か。館坂橋が架けられるのは 1941（昭和16）年のこと。1957（昭和 32）年に鉄橋となり、1977（昭和 52）年には上流側に2 車線の橋と歩道を追加した

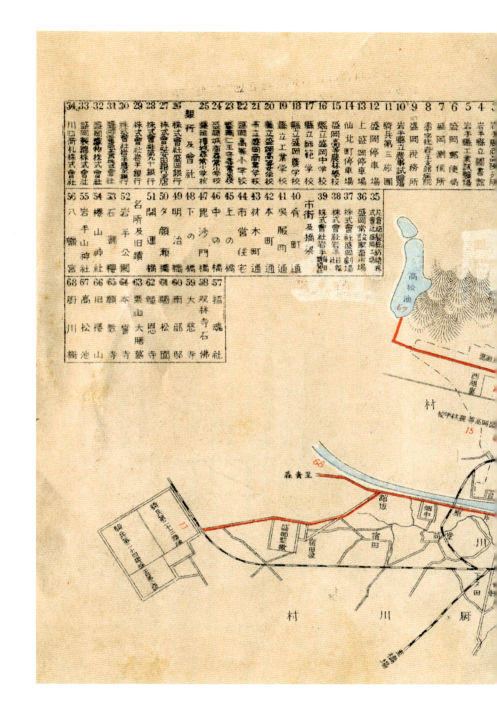

本書は 1924（大正 13）年、盛岡市が発行した『盛岡案内』に収録されている写真および地図をデジタルデータ化し、新しい体裁で出版したものです。

〔参考資料〕
『盛岡市史 復刻版第 5 巻』（1982 年）
『いわて未来への遺産』シリーズ（岩手日報社）
・盛岡藩の歴史と至宝（1998 年）・近代化遺構を歩く　明治〜昭和初期（2003 年）
・風景との語らい（2005 年）
『いわてのお寺を巡る』（2006 年、岩手日報社）
『もりおか歴史散歩　旧町名編』（真山重博著　2009 年、東北堂）

一九二四年　盛岡情景
復刻写真でたどる大正の街並み

2024 年 10 月 1 日　初版発行

発行者　川村公司
発行所　株式会社岩手日報社
　　　　〒 020-8622　岩手県盛岡市内丸 3-7
　　　　コンテンツ事業部（電話 019・601・4646、平日 9 〜 17 時）
　　　　syuppan@iwate-np.co.jp
印　刷　山口北州印刷株式会社

Ⓒ岩手日報社 2024
無断複製および無断複製物の配信・転載・譲渡等は法令に規定された場合を除いて禁止されています。
落丁・乱丁はコンテンツ事業部にご連絡ください。送料小社負担にてお取り替えいたします。

ISBN978-4-87201-450-1　C0026　　定価はカバーに表示しています。